François CHARLES

Outils de Facilitation de Processus

François CHARLES

Outils de Facilitation de Processus

Booklet mémo

Éditions Vie

Imprint

Cover image: www.ingimage.com

Publisher:
Éditions Vie
is a trademark of
Dodo Books Indian Ocean Ltd., member of the OmniScriptum S.R.L Publishing group
str. A.Russo 15, of. 61, Chisinau-2068, Republic of Moldova Europe
Printed at: see last page
ISBN: 978-613-9-59039-1

OUTILS DE FACILITATIONS DE PROCESSUS

NOVIAL

facilitation stratégique et opérationnelle
coaching - team building - conseil – formation

entrainement individuel - dynamique des équipes
optimisation des processus et des performances

Les outils de facilitation de processus

1 Outils Processus NOVIAL *facilitation stratégique et opérationnelle*

François CHARLES

INTRODUCTION

Ce booklet mémo© NOVIAL INSTITUTE va vous donner ou redonner accès à certains outils innovants ou parfois connus et usuels de facilitation de processus stratégiques, opérationnels et structurels utiles à toute forme d'organisation vous permettant une démarche structurante.

Il est à mettre en parallèle et en complément avec d'autres booklets mémo dont notamment celui sur la Politique Générale et des organisations, celui sur le management dans le principe du Concept SPM© mêlant Stratégie, Process, Psychologie, Management, Marketing, Mental ainsi que des Fabliaux du Management. Vous devrez notamment prendre en compte que chacun(e) d'entre vous les percevra différemment en fonction de ses préférences de fonctionnement, en encore ses zones de confort et d'effort.

Ces planches sont issues de retours d'expériences et d'apprentissages en stratégie, management, coaching de projet comme d'équipes. Elles ne sont pas forcément nouvelles et issues de diverses sources mais recréées, améliorées et assemblées parfois de façon originale. Elles peuvent enfin être utilisées de façons décloisonnées.

Vous pouvez bien entendu lire les publications en relation et suivre nos formations ou accompagnements adaptés voire afin de mieux en comprendre leurs fondements et optimiser leurs applications.

Vous disposez d'une demi-page de notes pour inscrire vos compréhensions et expériences vécues afin de mieux les adapter à votre environnement.

Le bon objectif

G. Définir un OBJECTIF global (GOAL), puis de PERFORMANCE à court et moyen terme

R. Examen de la REALITE et de la situation présente avec recherche d'adéquation

O. Recherche des OPTIONS possibles, des directions, des étapes

W. Définition des ACTIONS (WORKING), plan de travail à entreprendre avec % de chances de réussite

- S pécifique
- M esurable
- A ccessible
- R éaliste R éalisable
- déterminé dans le Temps

- Explicite
- Compris
- Pertinent
- Éthique
- Motivant
- Légal
- Écologique
- Adaptable
- enregistré

Notes

Les outils

D'autres méthodes d'atteinte d'objectifs et leurs questionnement

- PRAQ
  - Prise de conscience
  - Responsabilisation
  - Approbation bottom-up
  - Questionnement
- PLACÉE
  - Pertinents
  - Légaux
  - Adaptés
  - Compris
  - Éthiques
  - Explicites
- POCAREM
  - Positif
  - Observable et vérifiable
  - Contextualisé
  - Atteignable
  - Réalisable
  - Écologique
  - Motivant
- SWOT
  - Strengths (forces)
  - Weaknesses (faiblesses)
  - Opportunities (opportunités)
  - Threats (menaces)
- SCORE
  - Symptomes
  - Causes
  - Objectifs
  - Ressources
  - Effets atteints

Notes

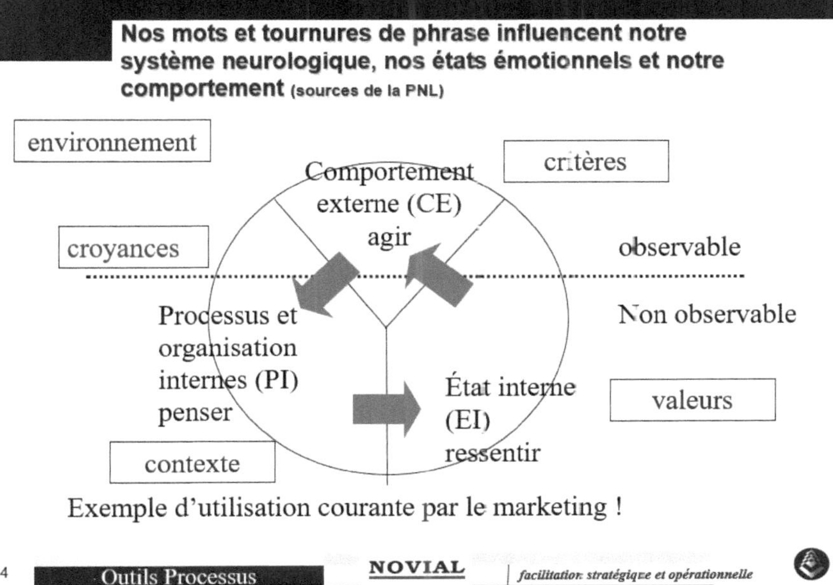
Nos mots et tournures de phrase influencent notre système neurologique, nos états émotionnels et notre comportement (sources de la PNL)
environnement
critères
Comportement externe (CE) agir
croyances
observable
Non observable
Processus et organisation internes (PI) penser
État interne (EI) ressentir
valeurs
contexte
Exemple d'utilisation courante par le marketing !
4
Outils Processus
NOVIAL
facilitation stratégique et opérationnelle

Notes

Utilisation pour atteindre ses objectifs

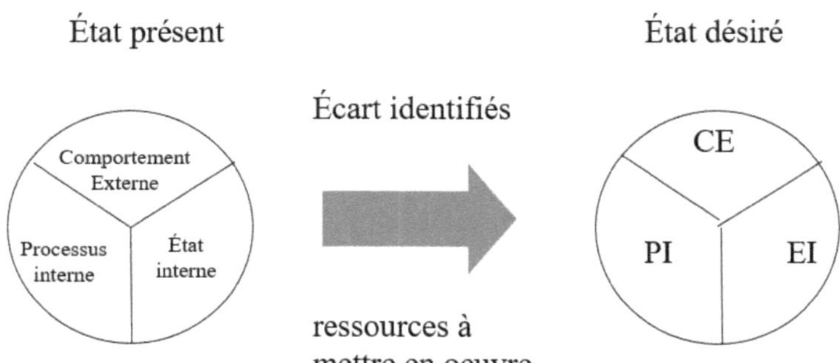

La réalité est une représentation mentale qui peut être modifiée

Notes

Échelle d'objectif 1 à 10 (ex)

Processus ou état à améliorer	État actuel	objectif	délai
P1	6	8	3 mois
P2	6	9	
P3	5	9	
P4	6	9	
P5	5	7	
.....			

Notes

Évaluation collective

Processus ou état à améliorer	paul	pierre	valérie	moyenne	objectif
P1	6	5	5		
P2	6	4	8		
P3	5	8	7		
P4	6	7	5		
P5	5	6	8		
.....					

Notes

La matrice Urgence Importance

URGENT IMPORTANT	IMPORTANT NON URGENT
URGENT NON IMPORTANT	**NON URGENT NON IMPORTANT**

Notes

Les 5S: les règles d'or au Japon

- Les 5S correspondent aux initiales de 5 règles japonaises permettant optimiser la productivité et la qualité.
- **SEIRI : Débarrasser**
  - Cette opération consiste à garder sur le poste de travail uniquement ce qui est nécessaire et à éliminer tout le reste
- **SEITON : Ranger**
  - Vise à aménager le poste de travail de façon à réduire les gestes inutiles et à diminuer les pertes de temps
- **SEISO : Nettoyer**
  - Le but de l'opération est d'assurer la propreté du poste de travail en éliminant les causes de salissure ou de désordre
- **SEIKETSU : Tenir en ordre**
  - Définition des règles qui permettent de garder le poste de travail en ordre. C'est la synthèse des 3 premières règles.
- **SHITSUKE : Respecter les règles**
  - C'est le rôle de la hiérarchie : le but est d'encourager et soutenir le personnel à adopter et maintenir les bonnes habitudes

Notes

Diagramme d'ISHIKAWA (5M)

- *Les causes sont réparties dans les cinq catégories appelées 5M :*
- **MATIERE**
  - Les ***matières premières***
- **Matériel**
  - Concerne l'***équipement,*** les machines, le matériel informatique, les logiciels, et les technologies.
- **METHODES**
  - Le mode opératoire et la recherche et développement.
- **MAIN D'OEUVRE**
  - Les ressources humaines.
- **MILIEU**
  - L'environnement, le positionnement, le contexte.
- *Chaque branche reçoit d'autres causes ou catégories hiérarchisées selon leur niveau d'importance ou de détail.*
- *Cette simplicité apparente du diagramme permet ainsi l'implication de tous les acteurs de l'entreprise, de l'ouvrier jusqu'au directeur.*
- *Les entreprises de services utilisent une version étendue : c'est le diagramme 7M qui rajoute les catégories Management et Moyens financiers.*

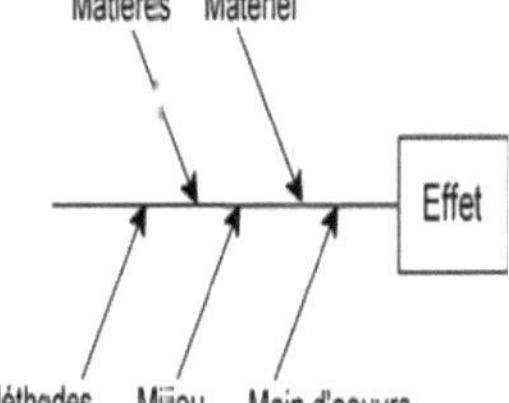

Méthodes Milieu

Notes

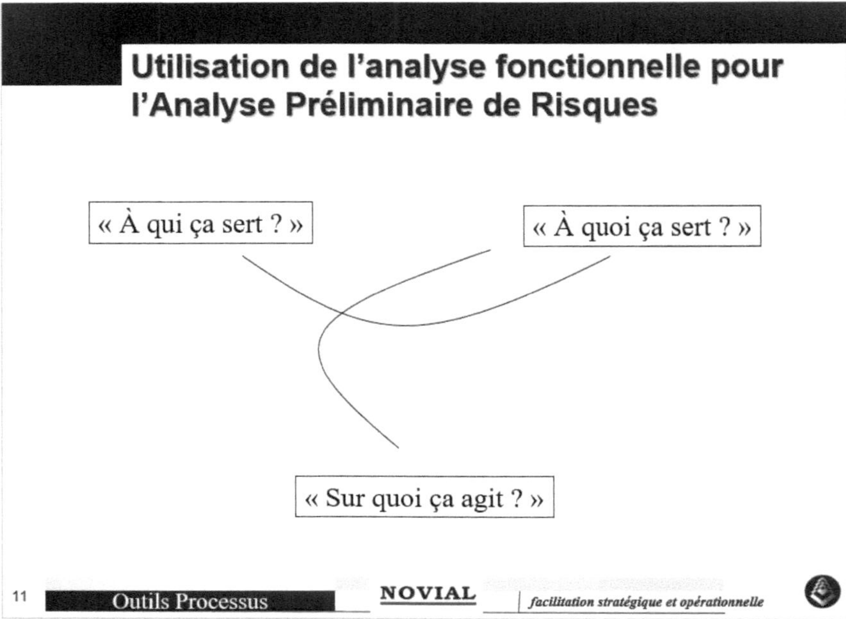
Utilisation de l'analyse fonctionnelle pour l'Analyse Préliminaire de Risques
« À qui ça sert ? »
« À quoi ça sert ? »
« Sur quoi ça agit ? »
11
Outils Processus
NOVIAL
facilitation stratégique et opérationnelle

Notes

Méthode FAST

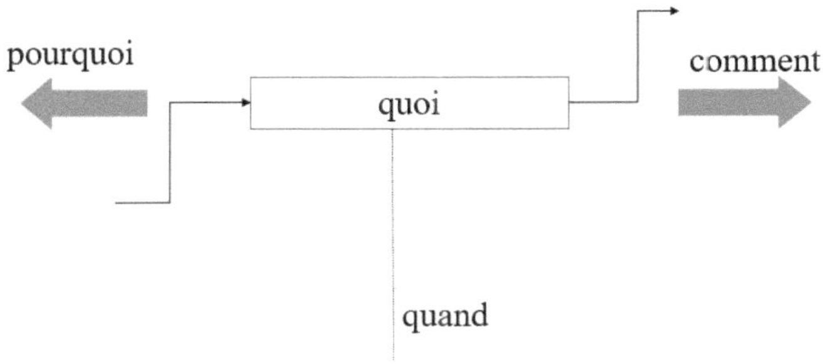

pourquoi

quoi

comment

quand

Notes

Méthode SADT

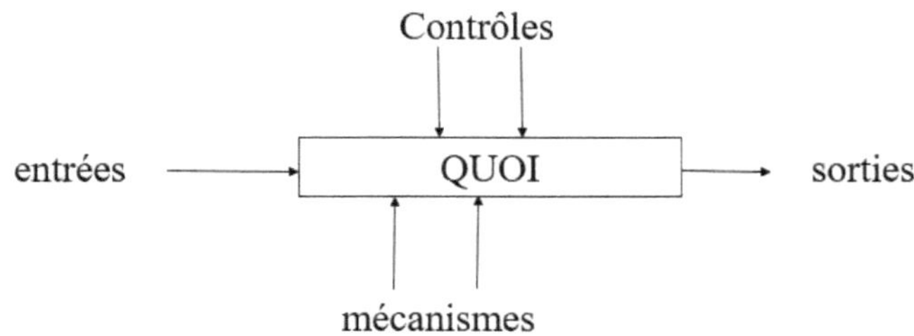

Notes

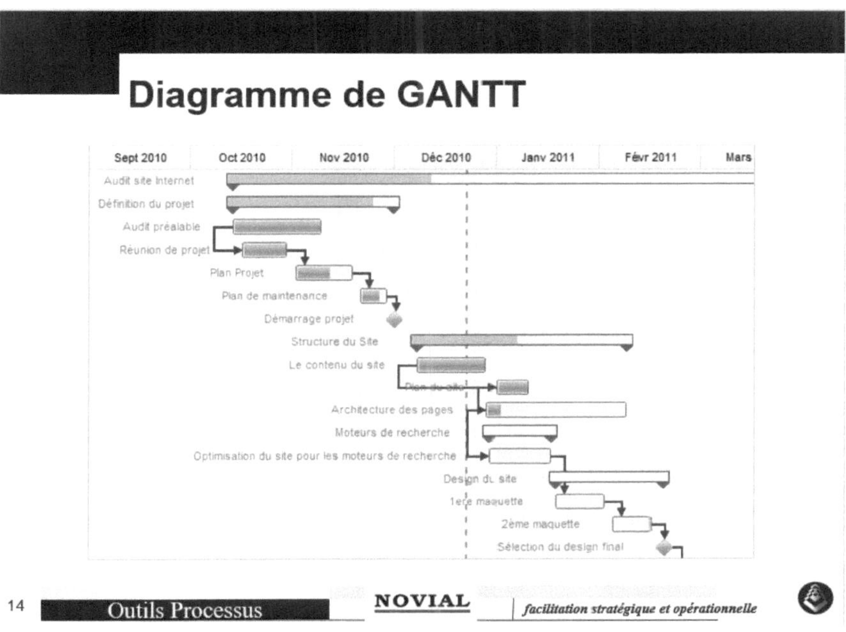
Diagramme de GANTT
Sept 2010
Oct 2010
Nov 2010
Déc 2010
Janv 2011
Févr 2011
Mars
Audit site Internet
Définition du projet
Audit préalable
Réunion de projet
Plan Projet
Plan de maintenance
Démarrage projet
Structure du Site
Le contenu du site
Plan du site
Architecture des pages
Moteurs de recherche
Optimisation du site pour les moteurs de recherche
Design du site
1ere maquette
2ème maquette
Sélection du design final
14
Outils Processus
NOVIAL
facilitation stratégique et opérationnelle

Notes

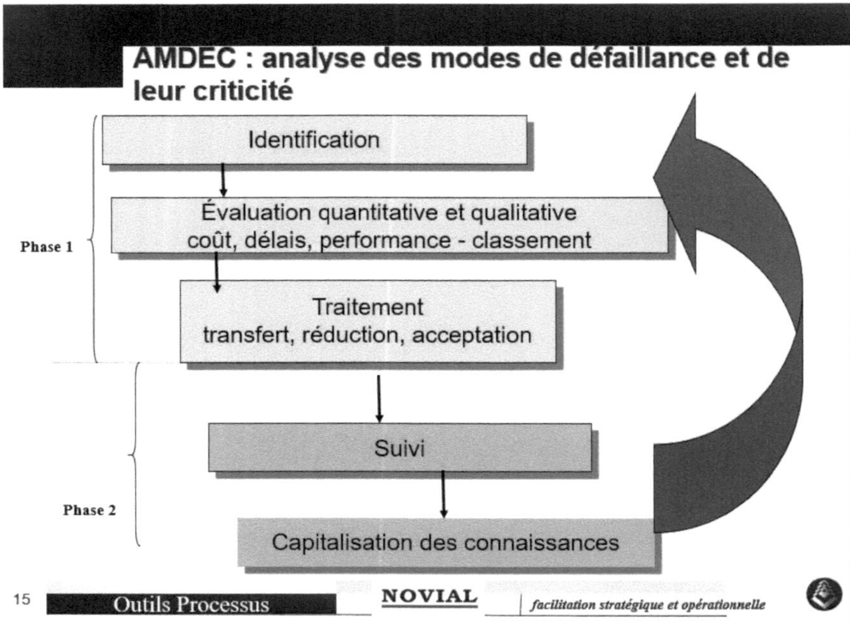
AMDEC : analyse des modes de défaillance et de leur criticité
Identification
Évaluation quantitative et qualitative
coût, délais, performance - classement
Traitement
transfert, réduction, acceptation
Suivi
Capitalisation des connaissances
Phase 1
Phase 2
15
Outils Processus
NOVIAL
facilitation stratégique et opérationnelle

Notes

Evaluation qualitative : probabilité

Grille d'évaluation de la probabilité :

Probabilité				
Très faible	1		P <	5%
Faible	2	5%	< P <	20%
Moyen	3	20%	< P <	40%
Elevé	4	40%	< P <	60%
Très Elevé	5	60%	< P	

Notes

Evaluation qualitative : coût, délais, performance **Grille d'impact en coût/délai/performance**

Niveau	Impact en coût sur le				Cotation
Très faible	Coût :	<=	0,1%C		1
Faible	Coût :	<=	0,3%C	> 0,1%C	2
Moyen	Coût :	<=	0,5%C	> 0,3%C	3
Élevé	Coût :	<=	1%C	> 0,5%C	4
Très élevé	Coût :			> 1%C	5

C : coût de conception et réalisation

Niveau	Impact en délai sur le				Cotation
Très faible	Délai :	<=	1%T		1
Faible	Délai :	<=	3%T	> 1%T	2
Moyen	Délai :	<=	5%T	> 3%T	3
Élevé	Délai :	<=	10%T	> 5%T	4
Très élevé	Délai :			> 10%T	5

T : durée initiale de stade de réalisation

Niveau	Impact en performance	Cotation
Très faible	Plusieurs performances souhaitables impactées	1
Faible	Plusieurs performances importantes impactées	2
Moyen	Fonction importante dégradée ou non réalisée	3
Élevé	Au moins une performance primordiale impactée	4
Très élevé	Au moins une fonction primordiale impactée	5

Notes

Évaluation qualitative: criticité

- Positionner chaque risque en fonction de sa probabilité d'occurrence et de son impact

Criticité =Combinaison de la Probabilité et Impact (coût, délai, performances)]					
Probabilité d'occurrence	Impact				
	1 Très faible	2 Faible	3 Moyen	4 Élevé	5 Très élevés
1 Très faible	Mineure	Mineure	Mineure	Mineure	Tolérable
2 Faible	Mineure	Mineure	Tolérable	Tolérable	Significative
3 Moyen	Mineure	Tolérable	Tolérable	Significative	Critique
4 Élevé	Mineure	Tolérable	Significative	Critique	Inacceptable
5 Très élevés	Tolérable	Significative	Critique	Inacceptable	Inacceptable

Notes

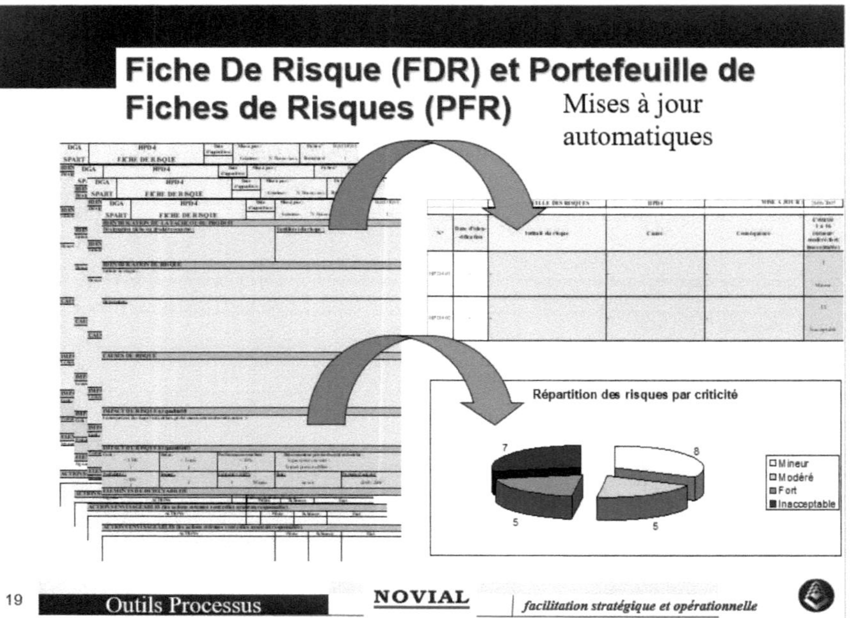
Fiche De Risque (FDR) et Portefeuille de Fiches de Risques (PFR)
Mises à jour automatiques
Répartition des risques par criticité
7
8
5
5
Mineur
Modéré
Fort
Inacceptable
19
Outils Processus
NOVIAL
facilitation stratégique et opérationnelle

Notes

les concepts d'optimisation

- Médecine d'entreprise
- Bio management
- Vision globale
- Risk management
- ABC / ABM
- OPACQ
- La matrice MCO
- GBM
- KM
- Ingénierie Concourante
- Approche client
  Management interculturel
- Analyse de l'historique
- Coaching
- Théorie des cycles
- Créativité
- Team building, sport et culture

Notes

Médecine d'entreprise

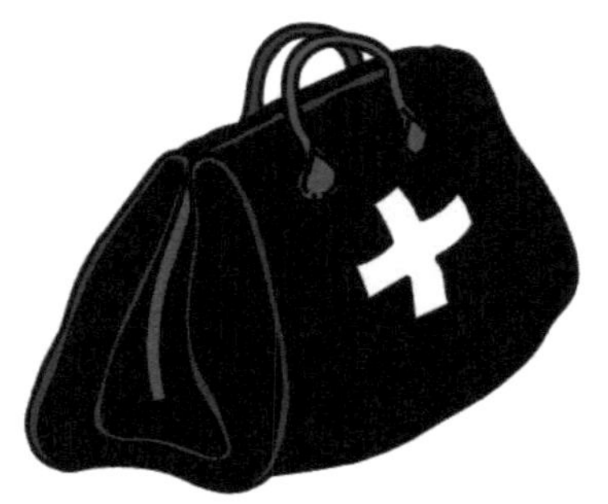

- Rôle du généraliste
- Utilité de la visite systématique chez l'homme pour déceler une maladie
- Pourquoi ne pas auditer régulièrement votre organisation sans attendre la maladie ?

Notes

Bio attitude

- Mais comment font-ils ?
- Adaptabilité à l'environnement
- vie en société depuis des milliards d'années
- Mieux comprendre l'organisation, les processus, les relations , le marketing
- Fourmis, lion, chines de traîneau, biologie humaine, arbre, roseau….

Notes

Approche et Vision globales

- Savoir transformer votre objectif en stade
- Décloisonnement, prise de recul, risk management
- Agir pas à pas mais en connaissance de cause
- S'être posé les bonnes questions même si toutes n'ont pas été résolues
- Décloisonnement
- Recrutement, marketing, family management ...

Notes

Risk management

- ET SI ?....cela VOUS arrivait ?
- Anticipation ou gestion de crise ?
- Homme clé ?
- Faire ressortir les dysfonctionnements
- Prise de conscience forte sur soi-même
- Responsabilisation
- Pérennisation
- Patrimoine

24 Outils Processus NOVIAL | facilitation stratégique et opérationnelle 

Notes

ABC / ABM

- Voir les coûts autrement
- Meilleure visibilité des propositions
- La variabilité des coûts au service du fonctionnement, de l'optimisation et de l'approche client

Notes

OP²ARC³Q³

- Quoi ?
- Pourquoi ?
- Quand ?
- Qui ?
- Avec qui ?
- Pour qui ?
- Contre qui ?
- Où ?
- Combien ?
- Comment ?
- Risques ?

Notes

La matrice MCO

- Tout va bien dans votre organisation ?
- Êtes vous
  - menant ?
  - coopérant ?
  - observateur ?
- Êtes vous bien sûr que tout le monde se considère à sa place ?

27 Outils Processus NOVIAL *facilitation stratégique et opérationnelle* 

Notes

La matrice MCO

missions	utilisa-teur	comité stratég.	Dir. Programme	chef de projet	R&D	serviceproduc-tion	marke-ting, achats	ordon-nance-ment
faire ou faire-faire	P	M	P				P	
veille technologique	M						P	
participation nvx prduits				P	M		P	
marketing achats					P		M	
homologation fournisseurs					P		M	
gestion fournisseurs	O						M	
négociation	O		O				M	
sélection	O						M	
anticipation des besoins						P		
passation des commandes							M	
gestion des commandes							M	

Notes

Ingénierie Concourante

- Même si vous intervenez à T+10, sentez vous impliqué dès T zéro !
- Plateformes et équipes
- Prise de conscience collective
- Responsabilisation

31 Outils Processus NOVIAL *facilitation stratégique et opérationnelle*

Notes

Analyse de l'historique

- Pourquoi a-t-on certaines décisions ?
- Pourquoi désormais les remettre en question ?
- Pourquoi les Anglais roulent-ils à gauche ?

Notes

Théorie des cycles

- Provoquer, accompagner ou subir = s'y préparer car inéluctable
- Cycles économiques, politiques….
- Vagues plus courtes mais plus violentes sur lesquelles il est possible de surfer

Notes

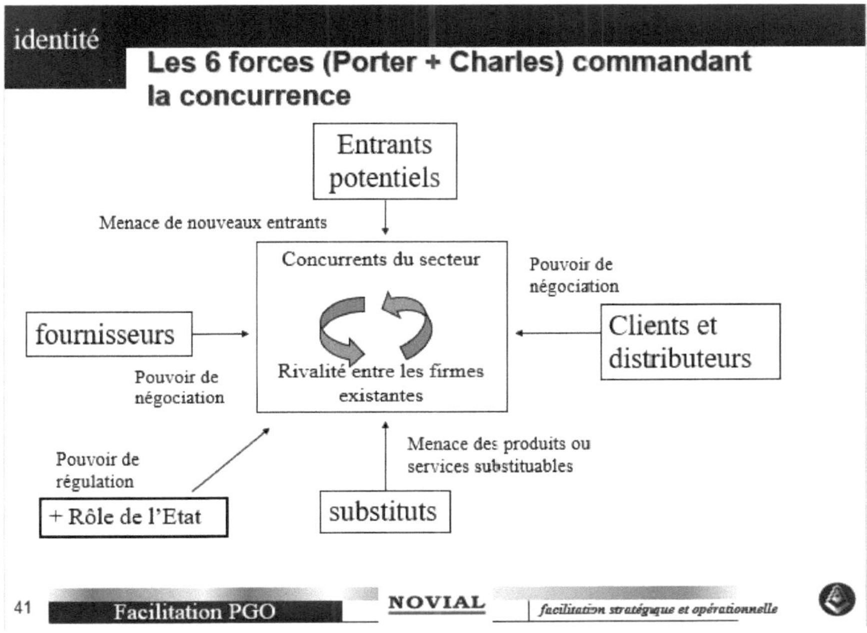
identité
Les 6 forces (Porter + Charles) commandant la concurrence
Entrants potentiels
Menace de nouveaux entrants
Concurrents du secteur
Pouvoir de négociation
fournisseurs
Clients et distributeurs
Rivalité entre les firmes existantes
Pouvoir de négociation
Pouvoir de régulation
Menace des produits ou services substituables
+ Rôle de l'Etat
substituts
41
Facilitation PGO
NOVIAL
facilitation stratégique et opérationnelle

Notes

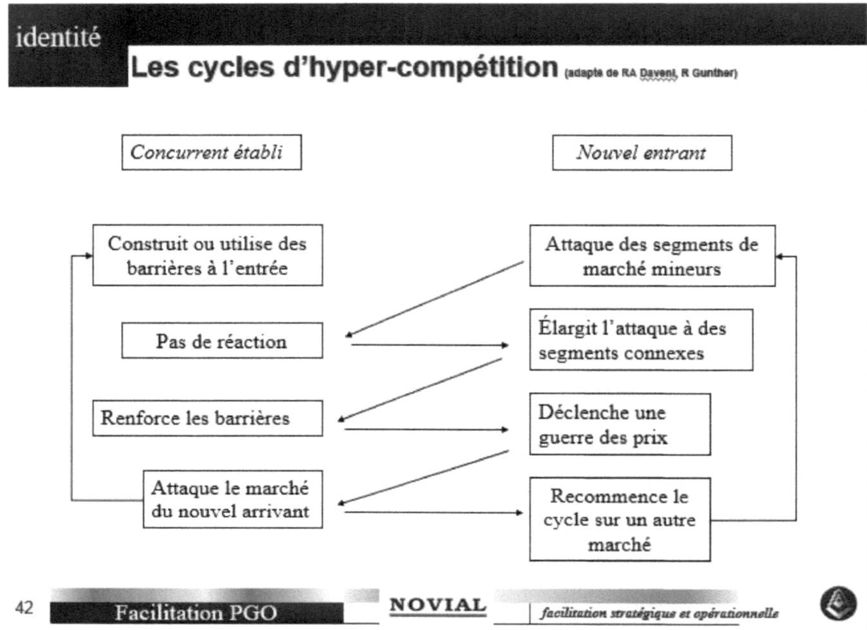
identité
Les cycles d'hyper-compétition (adapté de RA Daveni, R Gunther)
Concurrent établi
Nouvel entrant
Construit ou utilise des barrières à l'entrée
Attaque des segments de marché mineurs
Pas de réaction
Élargit l'attaque à des segments connexes
Renforce les barrières
Déclenche une guerre des prix
Attaque le marché du nouvel arrivant
Recommence le cycle sur un autre marché
42
Facilitation PGO
NOVIAL
facilitation stratégique et opérationnelle

Notes

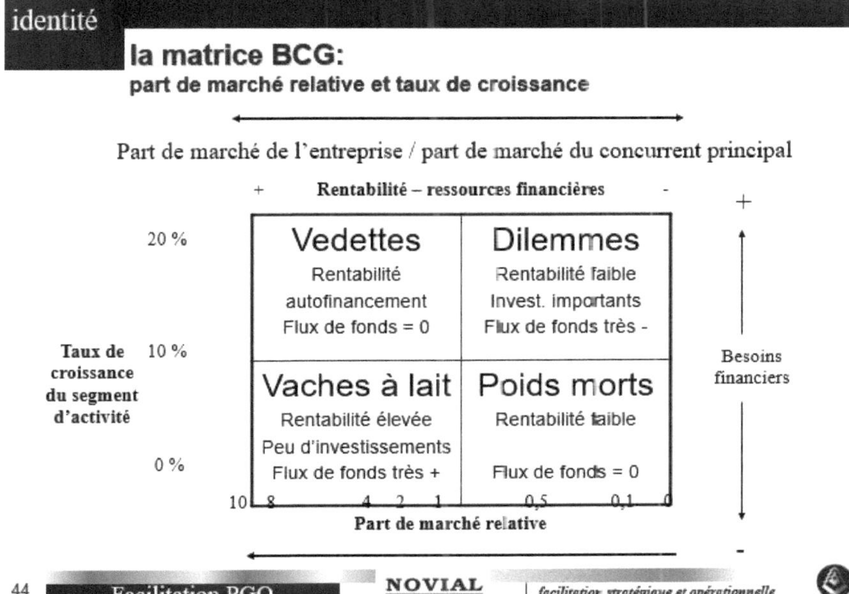
identité
la matrice BCG:
part de marché relative et taux de croissance
Part de marché de l'entreprise / part de marché du concurrent principal
+ Rentabilité – ressources financières -
+
20 %
Vedettes
Rentabilité
autofinancement
Flux de fonds = 0
Dilemmes
Rentabilité faible
Invest. importants
Flux de fonds très -
Taux de croissance du segment d'activité
10 %
Besoins financiers
Vaches à lait
Rentabilité élevée
Peu d'investissements
Flux de fonds très +
Poids morts
Rentabilité faible
Flux de fonds = 0
0 %
10 8 4 2 1 0,5 0,1 0
Part de marché relative
-
44
Facilitation PGO
NOVIAL
facilitation stratégique et opérationnelle

Notes

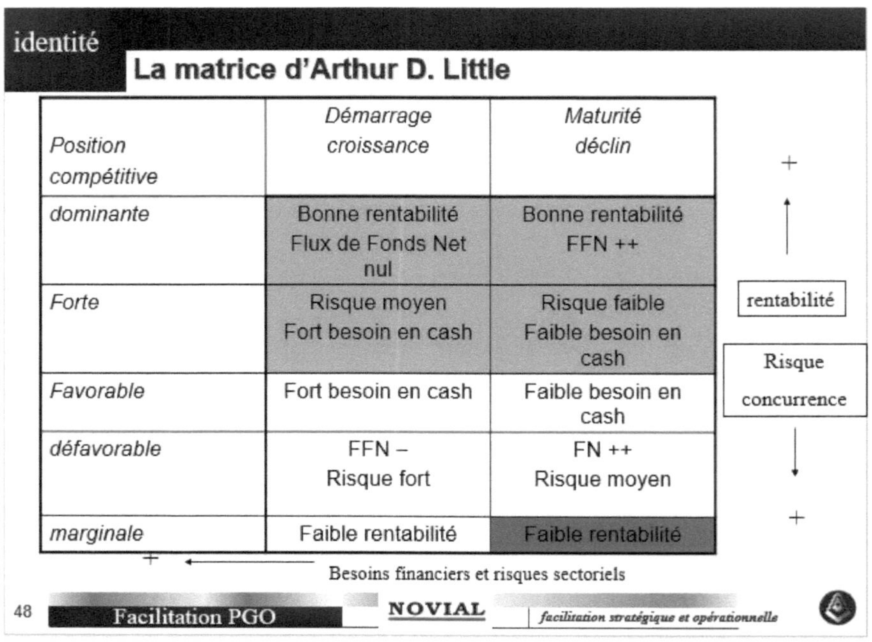

Position compétitive	*Démarrage croissance*	*Maturité déclin*
dominante	Bonne rentabilité Flux de Fonds Net nul	Bonne rentabilité FFN ++
Forte	Risque moyen Fort besoin en cash	Risque faible Faible besoin en cash
Favorable	Fort besoin en cash	Faible besoin en cash
défavorable	FFN – Risque fort	FN ++ Risque moyen
marginale	Faible rentabilité	Faible rentabilité

Notes

identité

La matrice de McKinsey

Attractivité du marché *Position du DAS*	élevée	moyenne	faible
Forte	Maintenir la position de leader Coûte que coûte	Maintenir la position et suivre le développement	Rentabiliser « traire »
Moyenne	Améliorer la position	Rentabiliser prudemment	Se retirer sélectivement (segmenter)
faible	Doubler la mise ou abandonner	Se retirer progressivement et sélectivement	Abandonner désinvestir

49 Facilitation PGO NOVIAL *facilitation stratégique et opérationnelle*

Notes

identité

La matrice technologique de Dussauge

potentiel de développement (PD)

Présence commerciale (PC)

et position technologique (PT)

Vedettes PD, PT et PC fortes : se maintenir	**Dilemmes** PD faible, PC et PT fortes : investir massivement ou se retirer PD faible, PC faible et PT forte : s'associer ou vendre la techno PD et PC fort, PT faible : acquisition externe
Vaches à lait PD, PC et PT faibles : exploiter et traire PD et PT faible, PC fort : acquisition si immédiatement rentable PD et PC faibles, PT fort : se dégager en trayant ou transférant	**Poids morts** PC et PT faibles : s'en séparer ou rentabiliser

51 Facilitation PGO NOVIAL | *facilitation stratégique et opérationnelle*

Notes

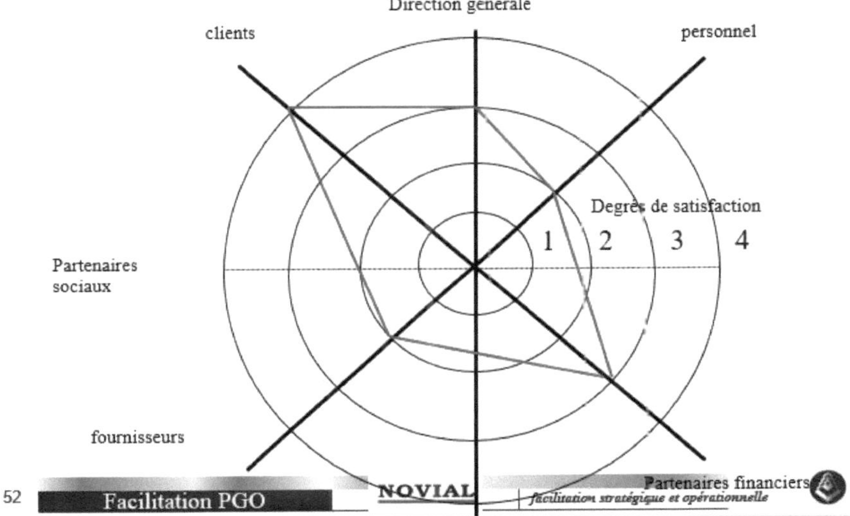

identité
Positionnement socio-économique
Direction générale
clients
personnel
Degrés de satisfaction
1
2
3
4
Partenaires sociaux
fournisseurs
Partenaires financiers
52
Facilitation PGO
NOVIAL
facilitation stratégique et opérationnelle

Notes

identité

Le modèle PESTEL : répartition des influences environnementales

- Politique
  - Stabilité gouvernementale
  - Politique fiscale
  - Régulation du commerce extérieur
  - Protection sociale
- Socio-culturel
  - Démographie, Mobilité sociale
  - Distribution des revenus
  - Changements de modes de vie
  - Attitude par rapport au loisir et au travail
  - Niveau d'éducation
- Écologique :
  - Lois sur la protection de l'environnement
  - Retraitement des déchets
  - Consommation d'énergie
- Économique
  - Cycles économiques
  - Évolution du PNB
  - Taux d'intérêt
  - Politique monétaire
  - Inflation
  - Chômage
  - Revenu disponible
- Technologique
  - Dépenses publiques de R&D
  - Investissements privés et publics
  - Nouveaux développements
  - Vitesse des transferts
  - Taux d'obsolescence
- Légal
  - Lois sur les monopoles
  - Droit du travail, législation sur la santé
  - Normes de sécurité

53 Facilitation PGO NOVIAL *facilitation stratégique et opérationnelle*

Notes

identité

Analyse interne : Clarification du profil actuel : cliché de l'évaluation de l'entreprise

- Étendue et regroupement des produits et services
- Tendances et cycles
- Marchés géographiques desservis
- Clientèles attirées
- Croissance de la clientèle
- Évolution des parts de marché // concurrence
- Structure organisationnelle mise en place pour chaque couple produit/marché
- Rendement de chaque couple produit/marché
- Force motrice actuelle
- Concept stratégique ou organisationnel actuel
- Secteurs d'excellence actuels

54 Facilitation PGO NOVIAL *facilitation stratégique et opérationnelle* 

Notes

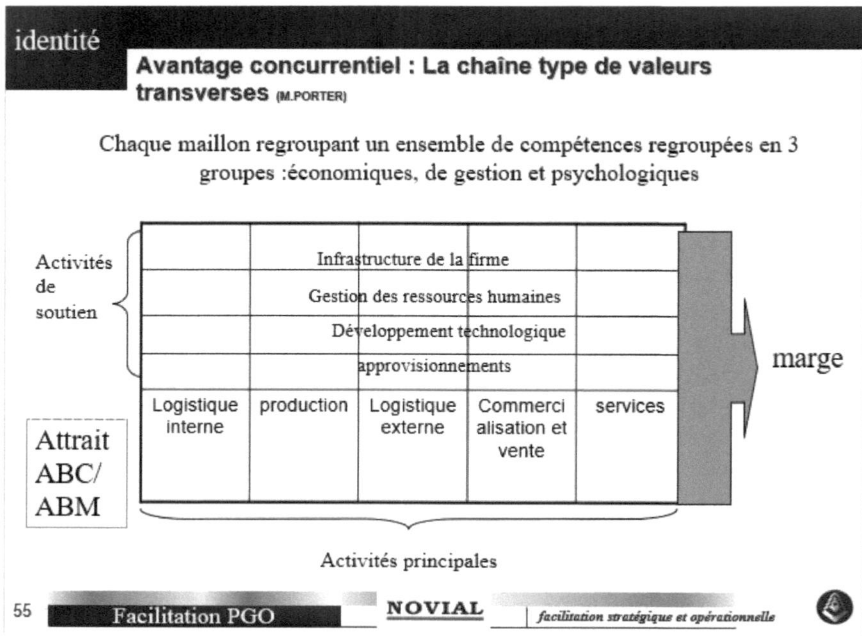
identité
Avantage concurrentiel : La chaîne type de valeurs transverses (M.PORTER)
Chaque maillon regroupant un ensemble de compétences regroupées en 3 groupes :économiques, de gestion et psychologiques
Activités de soutien
Infrastructure de la firme
Gestion des ressources humaines
Développement technologique
approvisionnements
marge
Logistique interne
production
Logistique externe
Commercialisation et vente
services
Attrait ABC/ ABM
Activités principales
55
Facilitation PGO
NOVIAL
facilitation stratégique et opérationnelle

Notes

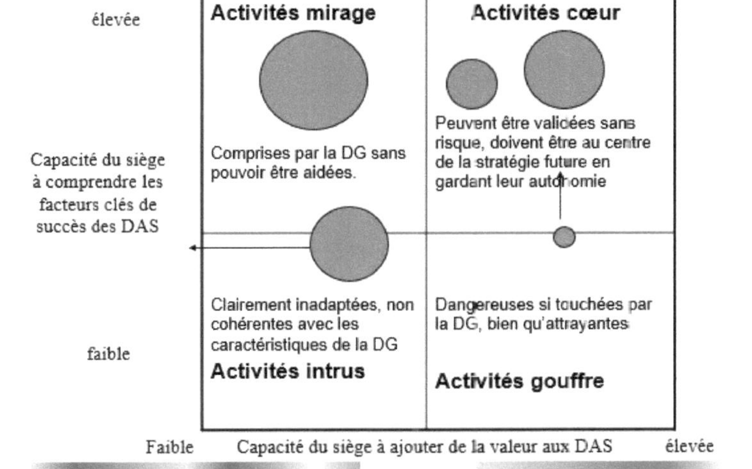
identité
La matrice ASHRIDGE : l'implication du siège
élevée
Activités mirage
Activités cœur
Comprises par la DG sans pouvoir être aidées.
Peuvent être validées sans risque, doivent être au centre de la stratégie future en gardant leur autonomie
Capacité du siège à comprendre les facteurs clés de succès des DAS
Clairement inadaptées, non cohérentes avec les caractéristiques de la DG
Dangereuses si touchées par la DG, bien qu'attrayantes
faible
Activités intrus
Activités gouffre
Faible
Capacité du siège à ajouter de la valeur aux DAS
élevée
56
Facilitation PGO
NOVIAL
facilitation stratégique et opérationnelle

Notes

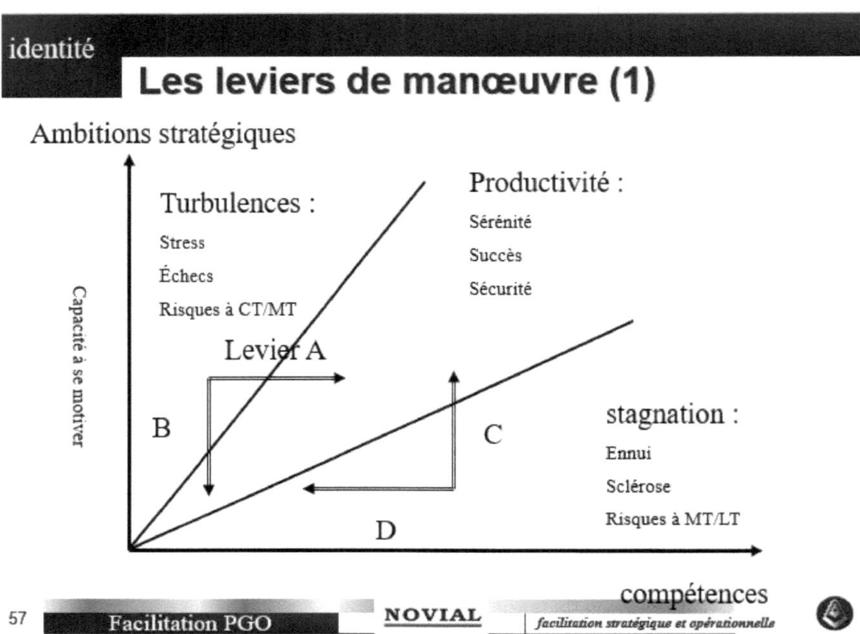
identité
Les leviers de manœuvre (1)
Ambitions stratégiques
Capacité à se motiver
Turbulences :
Stress
Échecs
Risques à CT/MT
Productivité :
Sérénité
Succès
Sécurité
Levier A
B
C
D
stagnation :
Ennui
Sclérose
Risques à MT/LT
compétences
57
Facilitation PGO
NOVIAL
facilitation stratégique et opérationnelle

Notes

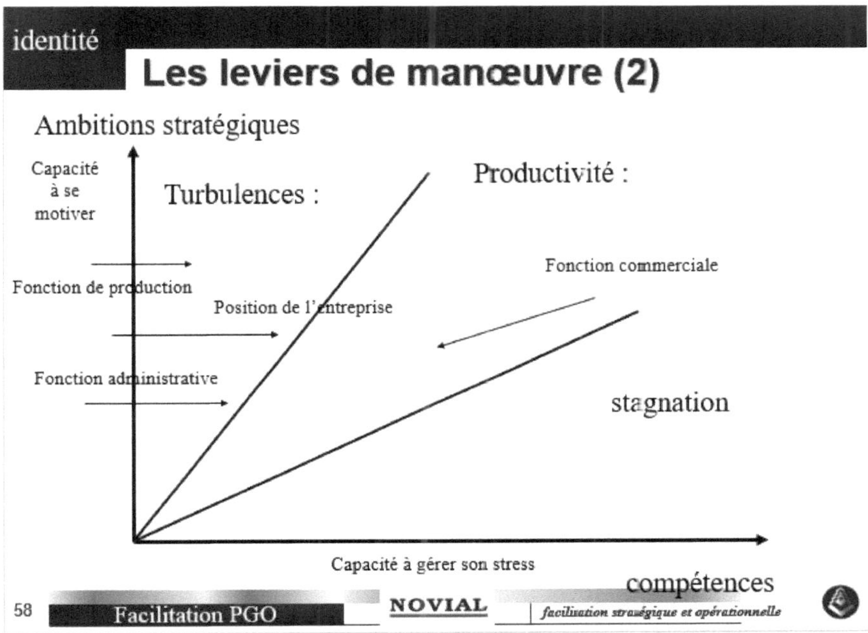
identité
Les leviers de manœuvre (2)
Ambitions stratégiques
Capacité
à se
motiver
Turbulences :
Productivité :
Fonction commerciale
Fonction de production
Position de l'entreprise
Fonction administrative
stagnation
Capacité à gérer son stress
compétences
58
Facilitation PGO
NOVIAL
facilitation stratégique et opérationnelle

Notes

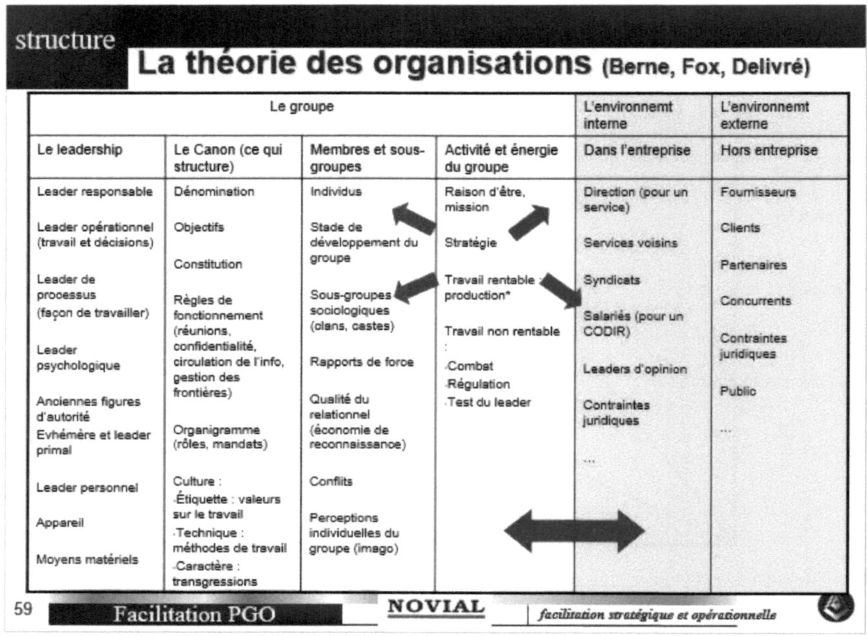
structure

La théorie des organisations (Berne, Fox, Delivré)

Le groupe				L'environnemt interne	L'environnemt externe
Le leadership	Le Canon (ce qui structure)	Membres et sous-groupes	Activité et énergie du groupe	Dans l'entreprise	Hors entreprise
Leader responsable Leader opérationnel (travail et décisions) Leader de processus (façon de travailler) Leader psychologique Anciennes figures d'autorité Evhémère et leader primal Leader personnel Appareil Moyens matériels	Dénomination Objectifs Constitution Règles de fonctionnement (réunions, confidentialité, circulation de l'info, gestion des frontières) Organigramme (rôles, mandats) Culture : -Étiquette : valeurs sur le travail -Technique : méthodes de travail -Caractère : transgressions	Individus Stade de développement du groupe Sous-groupes sociologiques (clans, castes) Rapports de force Qualité du relationnel (économie de reconnaissance) Conflits Perceptions individuelles du groupe (imago)	Raison d'être, mission Stratégie Travail rentable : production* Travail non rentable : -Combat -Régulation -Test du leader	Direction (pour un service) Services voisins Syndicats Salariés (pour un CODIR) Leaders d'opinion Contraintes juridiques ...	Fournisseurs Clients Partenaires Concurrents Contraintes juridiques Public ...

59 Facilitation PGO NOVIAL *facilitation stratégique et opérationnelle*

Notes

structure

Stade initial : la structure « en soleil »

- PME ou jeunes divisions
- Le chef délègue peu, contrôle et dirige tout
- Gestion délicate de l'évolution avec historique des liens initiaux ou des habitudes initiales

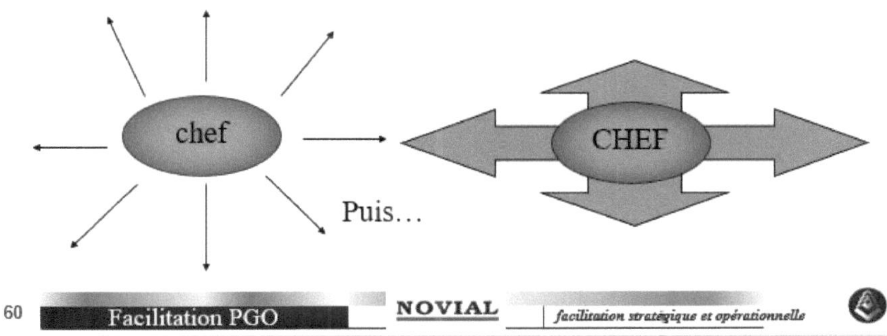

Notes

structure

Évolution 1 : la structure fonctionnelle simple

- Spécialisation
- Définition de fonctions
- Procédures de travail
- Lignes hiérarchiques
- Cloisonnement
- Dirigeant au centre et a délaissé (externalisé) la fonction comptable

Notes

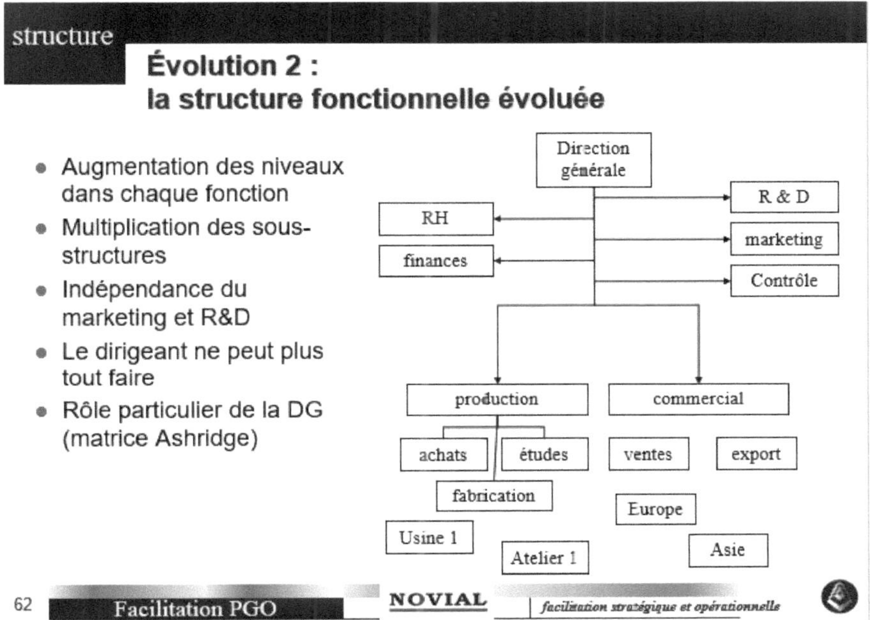
structure
Évolution 2 :
la structure fonctionnelle évoluée
Augmentation des niveaux dans chaque fonction
Multiplication des sous-structures
Indépendance du marketing et R&D
Le dirigeant ne peut plus tout faire
Rôle particulier de la DG (matrice Ashridge)
Direction générale
R & D
RH
marketing
finances
Contrôle
production
commercial
achats
études
ventes
export
fabrication
Europe
Usine 1
Atelier 1
Asie
62
Facilitation PGO
NOVIAL
facilitation stratégique et opérationnelle

Notes

structure

Les structures divisionnelles

- Dès qu'une entreprise met en oeuvre plusieurs technologies et se diversifie
- Création de divisions autonomes de petites entreprises en monoactivité permettant de différencier les flux
- Approches stratégiques et management propre
- Nécessité de spécialisation en segment ou groupe de segments stratégiques derrière le constat d'absence intelligente d'économie d'échelles
- Réduction des niveaux hiérarchiques

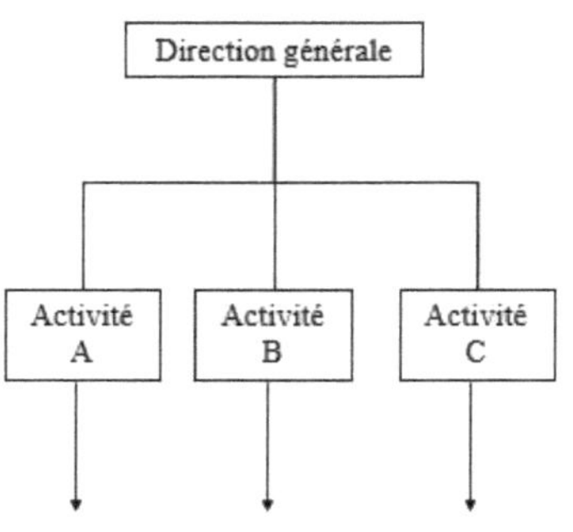

63 Facilitation PGO NOVIAL facilitation stratégique et opérationnelle

Notes

structure

Les structures matricielles

- combinaison des deux autres structures dès que des savoir-faire communs sont utilisables de façon transverse sur une stratégie multicritères
- Généralement rencontrées dans les structures industrielles (Boeing précurseur)
- Ex : un responsable produit pilote et coordonne son programme horizontalement en intégrant les éléments dépendants verticalement des fonctions achat, usinage, montage, commercialisation… »
- Choc culturel : un responsable hiérarchique, un responsable fonctionnel
- Allocation de ressource par deux axes

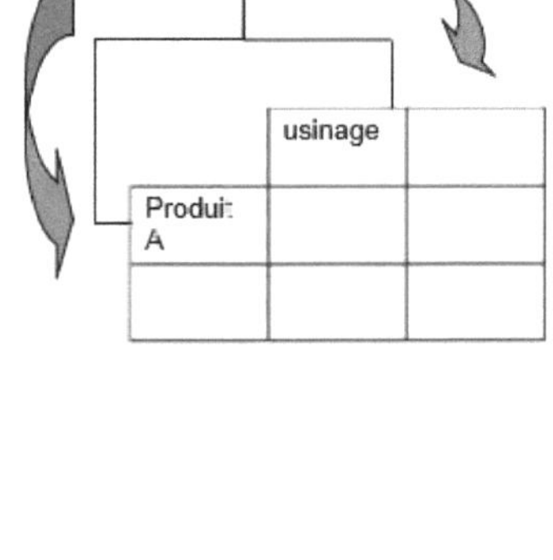

64 Facilitation PGO NOVIAL facilitation stratégique et opérationnelle

Notes

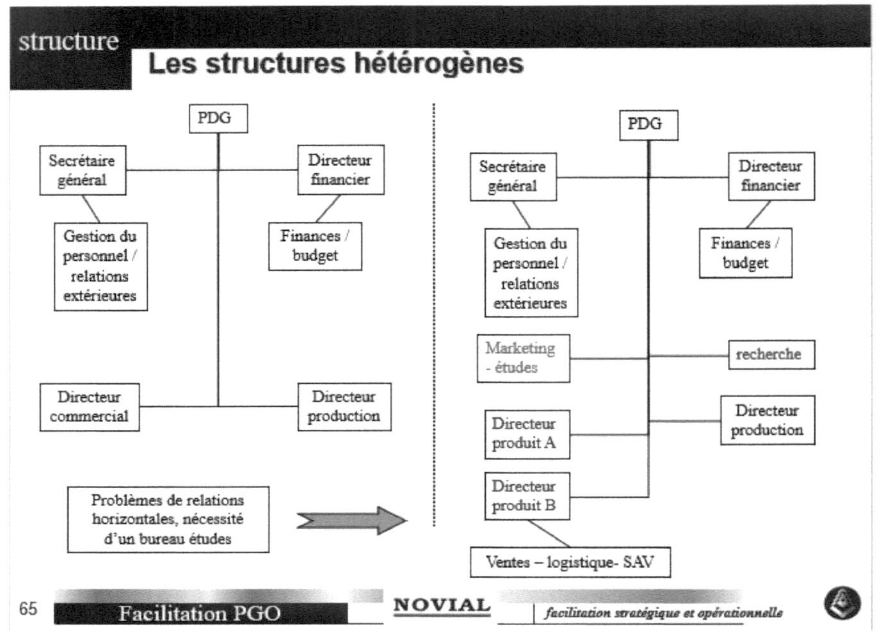
structure
Les structures hétérogènes
PDG
Secrétaire général
Directeur financier
Gestion du personnel / relations extérieures
Finances / budget
Directeur commercial
Directeur production
Problèmes de relations horizontales, nécessité d'un bureau études
PDG
Secrétaire général
Directeur financier
Gestion du personnel / relations extérieures
Finances / budget
Marketing - études
recherche
Directeur production
Directeur produit A
Directeur produit B
Ventes – logistique- SAV
65
Facilitation PGO
NOVIAL
facilitation stratégique et opérationnelle

Notes

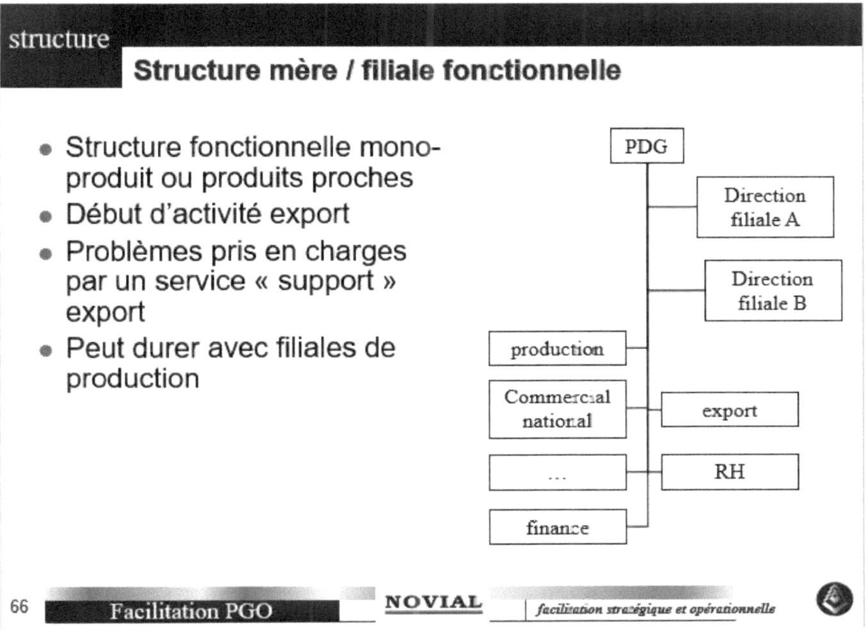
structure
Structure mère / filiale fonctionnelle
• Structure fonctionnelle mono-produit ou produits proches
• Début d'activité export
• Problèmes pris en charges par un service « support » export
• Peut durer avec filiales de production
PDG
Direction filiale A
Direction filiale B
production
Commercial national
export
...
RH
finance
66
Facilitation PGO
NOVIAL
facilitation stratégique et opérationnelle

Notes

structure

Structure mère / filiale divisionnelle

- Entreprise se diversifie sur le territoire d'origine et s'organise par divisions
- « service export » au delà d'un certain volume
- Action personnelle du dirigeant principal

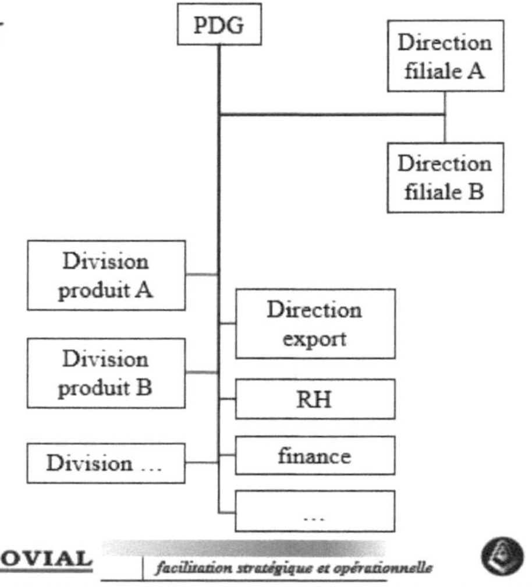

67 Facilitation PGO NOVIAL *facilitation stratégique et opérationnelle*

Notes

La division internationale opérationnelle

- Si davantage de filiales
- Si l'entreprise est peu diversifiée
- Si part étrangère < part française
- Culture nord-américaine
- Meilleur gestion spécifique du caractère international
- Plus grande liberté d'acquisition
- isolement du risque financier et industriel
- Mais risque d'autonomie difficilement contrôlable d'où nécessité d'entretenir un lien fonctionnel

PDG
Direction filiale A
Directeur international
Direction filiale B
État major
Division produit A
Direction export
Division produit B
RH
Division …
finance
…

Notes

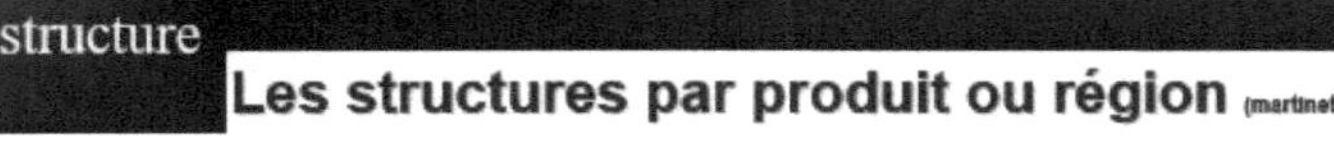

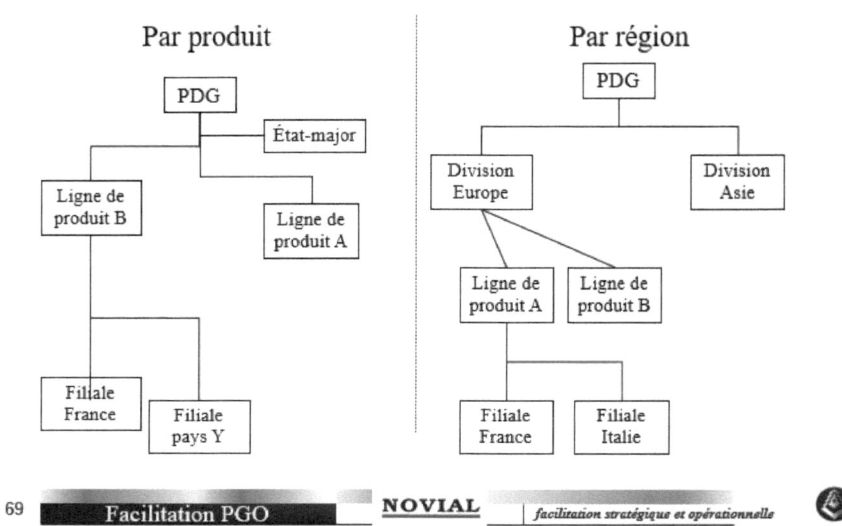

69 Facilitation PGO NOVIAL *facilitation stratégique et opérationnelle*

Notes

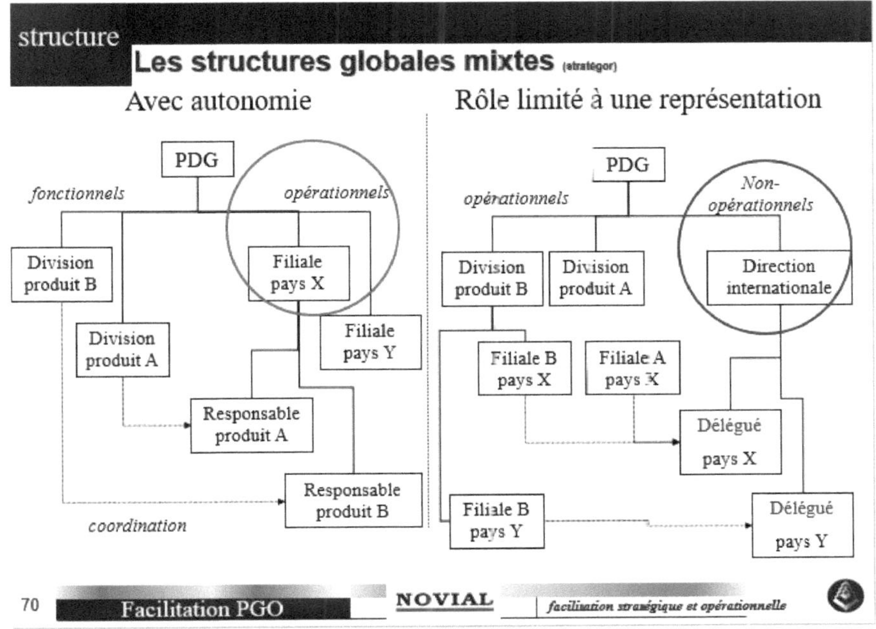
structure
Les structures globales mixtes (stratégor)
Avec autonomie
Rôle limité à une représentation
PDG
fonctionnels
opérationnels
Division produit B
Filiale pays X
Division produit A
Filiale pays Y
Responsable produit A
Responsable produit B
coordination
PDG
opérationnels
Non-opérationnels
Division produit B
Division produit A
Direction internationale
Filiale B pays X
Filiale A pays X
Délégué pays X
Filiale B pays Y
Délégué pays Y
70
Facilitation PGO
NOVIAL
facilitation stratégique et opérationnelle

Notes

structure

La structure globale matricielle idéale (stratégor)

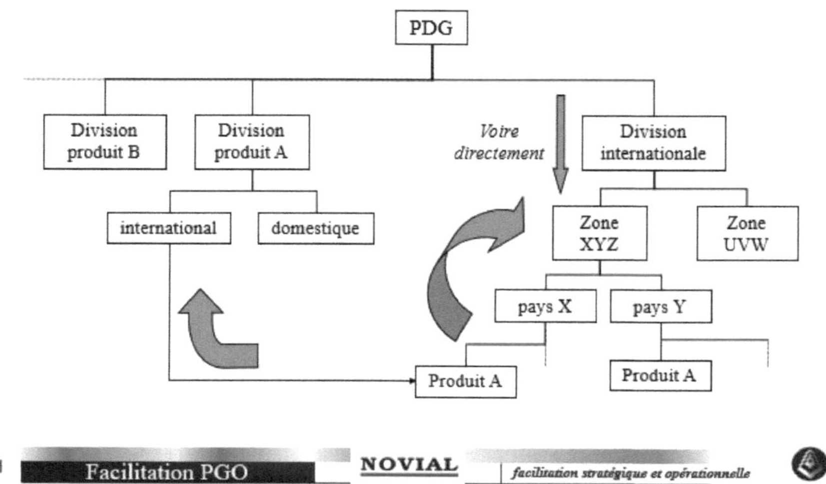

Notes

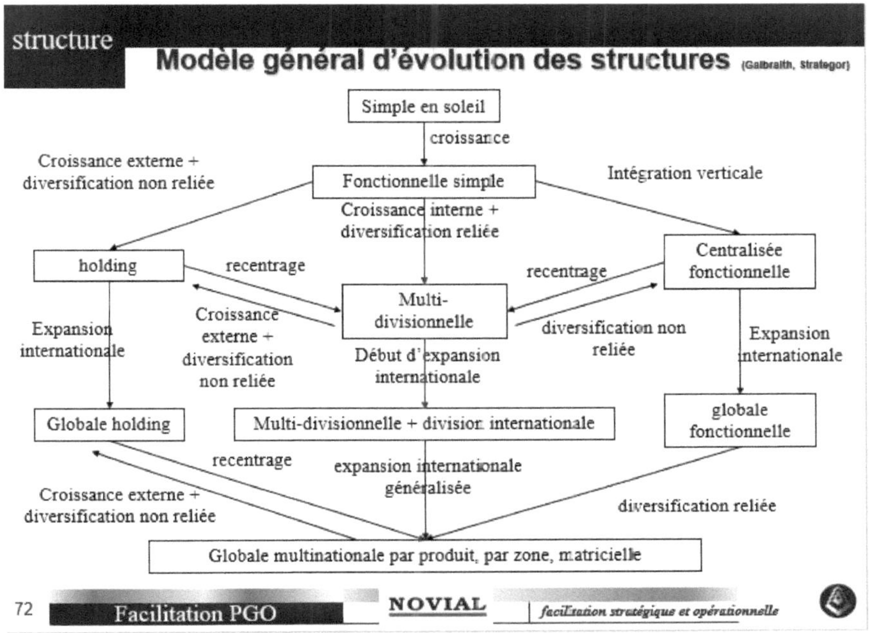
structure
Modèle général d'évolution des structures (Galbraith, Strategor)
Simple en soleil
croissance
Croissance externe +
diversification non reliée
Fonctionnelle simple
Intégration verticale
Croissance interne +
diversification reliée
holding
recentrage
Centralisée
fonctionnelle
recentrage
Multi-
divisionnelle
Expansion
internationale
Croissance
externe +
diversification
non reliée
diversification non
reliée
Expansion
internationale
Début d'expansion
internationale
Globale holding
Multi-divisionnelle + division internationale
globale
fonctionnelle
recentrage
expansion internationale
généralisée
Croissance externe +
diversification non reliée
diversification reliée
Globale multinationale par produit, par zone, matricielle
72
Facilitation PGO
NOVIAL
facilitation stratégique et opérationnelle

Notes

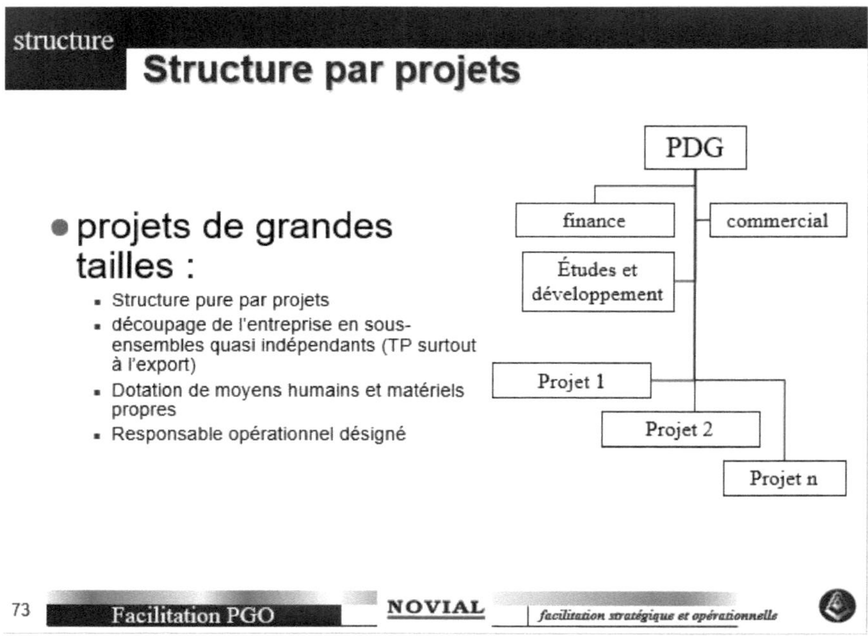
structure
Structure par projets
projets de grandes tailles :
Structure pure par projets
découpage de l'entreprise en sous-ensembles quasi indépendants (TP surtout à l'export)
Dotation de moyens humains et matériels propres
Responsable opérationnel désigné
PDG
finance
commercial
Études et développement
Projet 1
Projet 2
Projet n
73
Facilitation PGO
NOVIAL
facilitation stratégique et opérationnelle

Notes

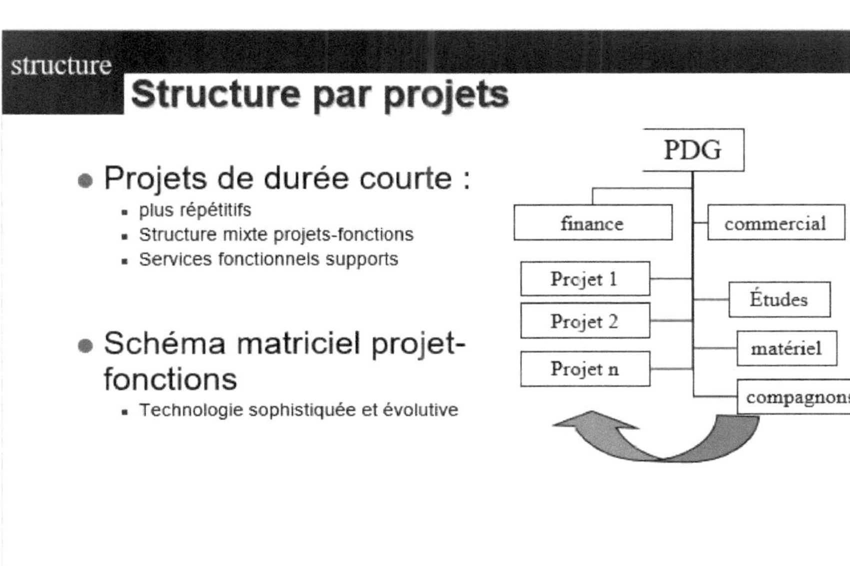
structure
Structure par projets
Projets de durée courte :
plus répétitifs
Structure mixte projets-fonctions
Services fonctionnels supports
Schéma matriciel projet-fonctions
Technologie sophistiquée et évolutive
PDG
finance
commercial
Projet 1
Projet 2
Projet n
Études
matériel
compagnons
74
Facilitation PGO
NOVIAL
facilitation stratégique et opérationnelle

Notes

structure

Orientations structurelles

- Réduction du nombre de niveaux
- Forte utilisation de la chaîne de valeur et de la notion d'ingénierie concourante + ABC/ABM

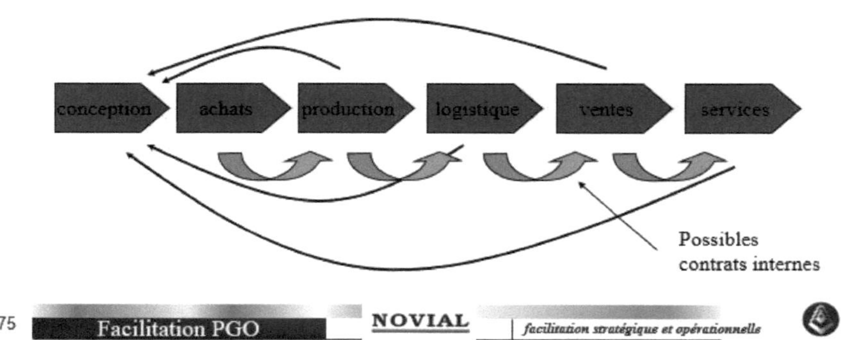

Notes

décision

Pilotage et planification

- Le fil rouge de l'analyse et des méthodes
- L'éclipse générale entre la programmation des plans et leurs périodes

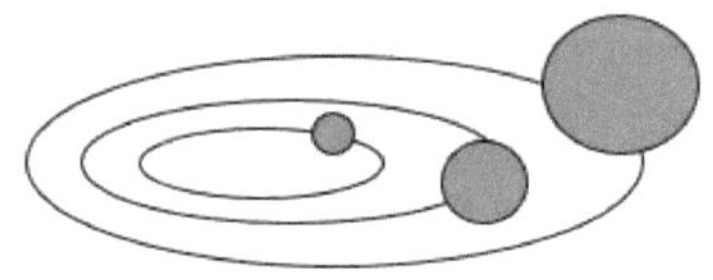

76 Facilitation PGO NOVIAL *facilitation stratégique et opérationnelle*

Notes

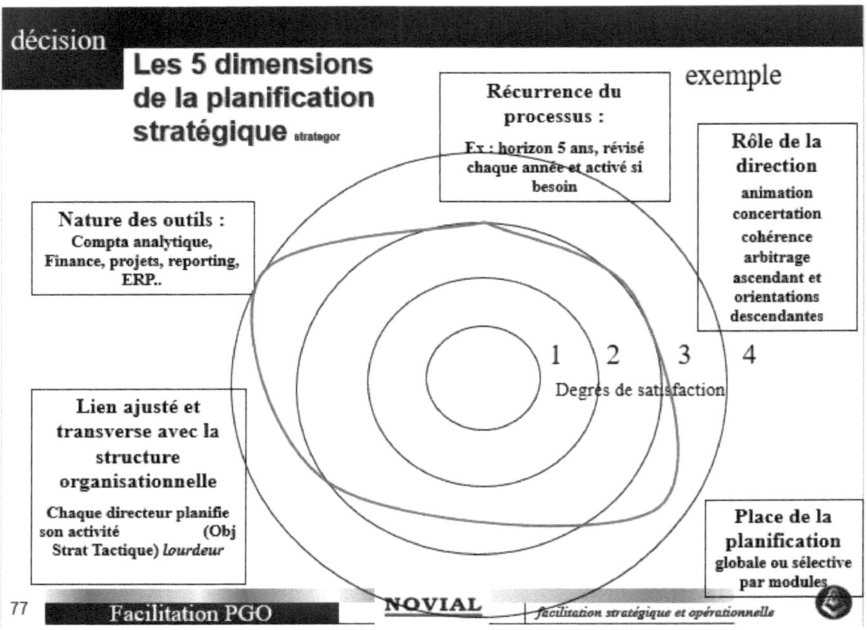
décision
Les 5 dimensions de la planification stratégique stratégor
exemple
Récurrence du processus :
Ex : horizon 5 ans, révisé chaque année et activé si besoin
Rôle de la direction
animation
concertation
cohérence
arbitrage
ascendant et orientations descendantes
Nature des outils :
Compta analytique, Finance, projets, reporting, ERP..
1 2 3 4
Degrés de satisfaction
Lien ajusté et transverse avec la structure organisationnelle
Chaque directeur planifie son activité (Obj Strat Tactique) lourdeur
Place de la planification
globale ou sélective par modules
77
Facilitation PGO
NOVIAL
facilitation stratégique et opérationnelle

Notes

décision
Planifications stratégique et opérationnelle
Projets de diversification
Projets de désinvestissement
Projets stratégiques divers
Changement de technologie
Alliances
Accord commercial international
Changement de localisation
.....
Projets d'expansion des activités existantes
Programmation des opérations dans le temps et dans l'espace
Allocation des ressources à court terme (budget)
Suivi et actions correctrices
Processus cyclique à 5 ans révisable annuellement
activable en cas de situation d'urgence
Planification stratégique
Planification opérationnelle et contrôle de gestion
78
Facilitation PGO
NOVIAL
facilitation stratégique et opérationnelle

Notes

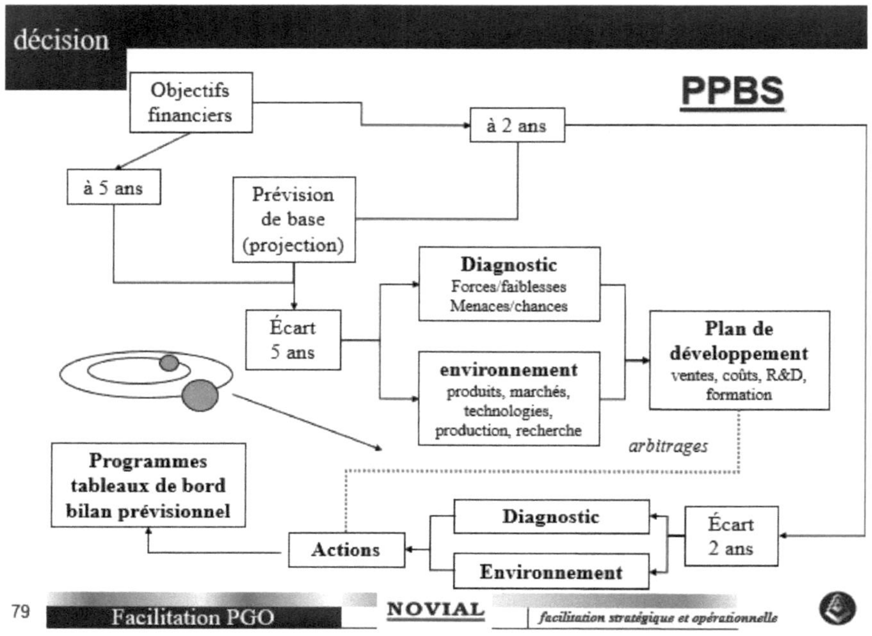
décision
PPBS
Objectifs financiers
à 2 ans
à 5 ans
Prévision de base (projection)
Diagnostic
Forces/faiblesses
Menaces/chances
Écart 5 ans
Plan de développement
ventes, coûts, R&D, formation
environnement
produits, marchés, technologies, production, recherche
arbitrages
Programmes tableaux de bord bilan prévisionnel
Diagnostic
Écart 2 ans
Actions
Environnement
79
Facilitation PGO
NOVIAL
facilitation stratégique et opérationnelle

Notes

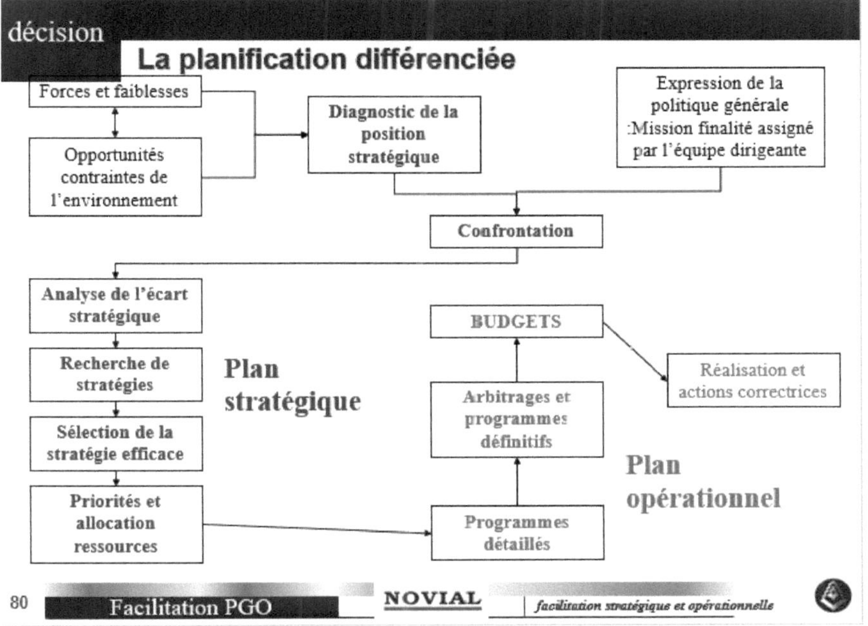
décision
La planification différenciée
Forces et faiblesses
Opportunités contraintes de l'environnement
Diagnostic de la position stratégique
Expression de la politique générale :Mission finalité assigné par l'équipe dirigeante
Confrontation
Analyse de l'écart stratégique
Recherche de stratégies
Sélection de la stratégie efficace
Priorités et allocation ressources
Plan stratégique
BUDGETS
Réalisation et actions correctrices
Arbitrages et programmes définitifs
Programmes détaillés
Plan opérationnel
80
Facilitation PGO
NOVIAL
facilitation stratégique et opérationnelle

Notes

décision

Conduite du changement organisationnel

Décidée par une autorité représentative

Donner envie plutôt qu'imposer

Continuité : faire d'un but une étape

Des directives claires et comprises

Prise de conscience collective

Team building, Process Comm, MBTI, PNL, AT….

85 Facilitation PGO NOVIAL *facilitation stratégique et opérationnelle*

Notes

La force de la vision globale - L'effet de levier du vecteur humain

Vos contacts

NOVIAL

CONSULTING & INSTITUTE SAS

Sièges : 12 rue du Port F - 21130 LES MAILLYS

Tel : 00 33 (0)3 80 57 38 42 - contact@novialgroup.fr - www.novialgroup.fr

NOVIAL INSTITUTE SAS - RCS DIJON 803841196 - APE 9559A

NOVIAL CONSULTING SAS - RCS DIJON 804 091 338 – APE 7022Z

Président : François CHARLES – 06 23 19 56 05

MIX
Papier aus verantwortungsvollen Quellen
Paper from responsible sources
FSC® C105338

Printed by Books on Demand GmbH, Norderstedt / Germany